Karl Heinrich Waggerl

Heiteres Herbarium

BLUMEN UND VERSE

Otto Müller Verlag Salzburg

Blumenaquarelle von K. H. Waggerl

45. Auflage

ISBN 978-3-7013-0062-4
© 1950 Otto Müller Verlag, Salzburg
Alle Rechte vorbehalten
Umschlag: Werner Hölzl, Salzburg
Einband und Bildunterschriften: Karl Weiser, Salzburg
Druck und Bindung: BELTZ Grafische Betriebe,
Bad Langensalza

HEITERES HERBARIUM

KROKUS

Gott fügt es.
ER bestimmt die Zeit,
ER heißt ihn blühn, obwohl es schneit,
und ihm genügt es.

Krokus
CROCUS VERNUS

TAUBNESSEL

Am Straßenrand, bedeckt mit Staub,
blüht eine Nessel, die ist taub.

Sie blüht bei Sonnenschein und Frost,
mühselig, aber doch getrost.

Dereinst, am Tage des Gerichts,
(sie hört von den Posaunen nichts)

wird Gott ihr einen Boten schicken.
Der wird die taube Nessel pflücken

und in den siebten Himmel bringen.
Dort hört auch sie die Engel singen.

Taubnessel

LAMIUM PURPUREUM

TAUSENDGULDENKRAUT

Überdrüssig meiner Schulden
will ich ein paar Tausend-Gulden-
Kräuter in den Garten pflanzen.
Jahr um Jahr will ich den ganzen
Guldenschatz zusammenlegen,
Kunst und Wissenschaften pflegen,
und zum Kummer meiner Erben
einst als Kräuterkrösus sterben.

Tausendguldenkraut

ERYTHRÆA CENTAURIUM

LÄUSEKRAUT

Das Läusekraut ist so verlaust,
daß nur ihm selbst nicht vor ihm graust.

Weil aber, was die Welt verdammt,
doch auch aus Gottes Händen stammt,

lebt es, von Mensch und Tier gemieden,
in Frieden.

Läusekraut

PEDICULARIS ROSTRATA

13

HUNGERBLÜMCHEN

Bescheiden lebt das Hungerblümchen,
wie es auch sonst der Seele frommt,
von Wasser, Luft und kleinen Krümchen,
damit es in den Himmel kommt.

Ich grub es aus, um es zu mästen.
Als Fettkraut, widerlich und feist,
zeig ichs zur Warnung meinen Gästen:
So wirkt die Freßgier auf den Geist!

Hungerblümchen
DRABA AIZOIDES

VERGISSMEINNICHT

Wie ist doch das Vergißmeinnicht
ein unbedankter Held der Pflicht!

Von jedem, der vorübergeht,
wird es beschworen, angefleht,

als wäre, wen es nicht behält,
schon abgetan und ausgezählt.

Das Blümchen fragt nicht wie und was.
Verschwiegen stehts im kühlen Gras,

wirft sinnend einen Blick ins Blau,
und merkt sich alles ganz genau …

Vergissmeinnicht
MYOSOTIS PALUSTRIS

SCHLÜSSELBLUME

Wenn Gott zum lieben Osterfest
die Himmelschlüssel sprießen läßt,

für jede arme Seele einen,
dann finden aber jene keinen,

die schon bei Lebzeit sich erkeckten
und welche auf die Hüte steckten.

(Die müssen weiter auf den harten
Gußeisenkreuzen sitzend warten.)

O Mensch, denk an dein eignes Grab,
brich keine Schlüsselblume ab!

Schlüsselblume

PRIMULA ELATIOR

19

KAMILLE

Die Kraft, das Weh im Leib zu stillen,
verlieh der Schöpfer den Kamillen.

Sie blühn und warten unverzagt
auf jemand, den das Bauchweh plagt.

Der Mensch jedoch in seiner Pein
glaubt nicht an das, was allgemein

zu haben ist. Er schreit nach Pillen.
Verschont mich, sagt er, mit Kamillen,
um Gotteswillen!

Kamille
MATRICARIA CHAMOMILLA

21

SCHARBOCKSKRAUT

Gott schuf das Scharbockskraut. Indessen,
den Bock dazu hat er vergessen,
weshalb das Kraut zwar grünt und sprießt,
jedoch vergebens,
weil niemand kommt, der es genießt.
(Ein Inbegriff verfehlten Lebens.)

Scharbockskraut

RANUNCULUS FICARIA

NIESSWURZ

Kommt die rechte Zeit heran,
Frühlingszeit im dunklen Tann,
unversehens fällts dich an.
(Eine Wohltat, wenn man kann!)
Zur Gesundheit, Wandersmann.

Nießwurz

HELLEBORUS NIGER

NOLI ME TANGERE

Vom Kräutchen Rühremichnichtan
im tiefsten Hinterhindostan
wächst eine Art,
die ist so zart,
daß dieses Wesen sich bis heute
schlechthin zu existieren scheute.
(Der Fall ist für die Wissenschaft
ganz rätselhaft.)

Rühvmichnichtan
IMPATIENS NOLI TANGERE

27

LÖWENZAHN

Untertags
sind die wilden Löwenzähne
unterm Blütendach der Kirschen
zahme Äsung für den Hirschen.

Aber wag's,
nachts beim ersten Schrei der Hähne
dich an sie heranzupirschen –
wie sie dann im Blutdurst knirschen!

Löwenzahn

TARAXACUM OFFICINALE

KLAPPERTOPF

Was hat der Klappertopf
in seinem hohlen Kopf?
Nur wieder Klappertöpfe,
Ihr Plapperköpfe!

Klappertopf
ALECTOROLOPHUS MAIOR

31

KÖNIGSKERZE

Mit Königskerzen ist nicht zu spaßen.
Unsereiner sollte die Hand davon lassen,
obwohl der König doch keine Kerze gebraucht,
die wie ein Talglicht flackert und raucht.
Eine Magd hat einmal eine angezunden,
wurde aber dann von keinem Prinzen entbunden,
sondern hat das Kind nach dem Vater genannt.
War Fuhrknecht. Weiter nirgends bekannt.

Königskerze

VERBASCUM NIGRUM

DISTEL

Die Distel hat ein schön Gesicht.
Sie wehrt sich drum und kratzt und sticht.

Der Esel aber, unbeleckt
von der Ästhetik, hat entdeckt,
daß sie ihm schmeckt.

Denn nie ist, was wir an uns schätzen
zugleich des anderen Ergetzen.

Kohldistel

CIRSIUM OLERACEUM

NATTERKOPF

Der Natterkopf heißt so von wegen
der Ähnlichkeit. Zu unserm Segen,
weil, was im dürren Sand sich ringelt
und mit geschlitzter Zunge züngelt –
wenn G o t t es so geheißen hätte,
auch beißen täte.

Natterkopf

ECHIUM VULGARE

STEINBRECH

Wir wissen nicht,
womit der Steinbrech Steine bricht.

Er übt die Kunst auf seine Weise,
und ohne Lärm. Gott liebt das Leise.

Steinbrech

SAXIFRAGA AIZOIDES

ROSSKASTANIE

Wie trägt sie bloß
ihr hartes Los

in Straßenhitze und Gestank?
Und niemals Urlaub, keinen Dank!

Bedenk, Gott prüft sie ja nicht nur,
er gab ihr auch die Roßnatur.

Rosskastanie
ÆSCULUS HIPPOCASTANUM

41

„SCHIERLING"

Der Schierling dient dem Wiederkäuer
zur Kost.
Als Most
(im Becher) ist er nicht geheuer.
Getrost!
Die Weisheit wird im Tod unsterblich,
die Dummheit nicht. Die ist nur erblich.

"*Schierling*"
HERACLEUM SPHONDYLIUM

Bärenklau

43

RITTERSPORN

Als Georg mit dem Drachen focht,
da hat der Wurm es noch vermocht,

daß er ihm mit dem letzten Biß
das Sporenrad vom Stiefel riß.

Der Heilige, so arg versucht,
hat nicht gelästert, nicht geflucht,

und dafür wuchs, zu seinem Ruhme,
aus jenem Sporn die blaue Blume.

Rittersporn
DELPHINIUM ELATUM /HORT/   45

ZITTERGRAS

Warum am lichten Sommertag
das Zittergras wohl zittern mag?

Im Erdreich fühlts den Höllenwurm,
in Lüften Gottes Atemsturm.

Du, Mensch, mit deinem Hirngewicht,
du spürst das nicht.

Zittergras
BRIZA MEDIA

SEIDELBAST

Wie lieblich duftet uns im März
der Seidelbast! Doch innerwärts
ist er voll Gift und Galle,
weil wir, in diesem Falle,
das Wunder nur beschauen sollen.
(Man muß nicht alles kauen wollen!)

Seidelbast
DAPHNE MEZEREUM

49

STENGELLOSER ENZIAN

Bist du verzagt,
weil dich so vieles überragt?
Schau in dies holde Angesicht
und merk: Am Stengel liegt es nicht!

Enzian
GENTIANA ACAULIS

51

SONNENBLUME

Entflammte Sonnenblumenscheibe,
die du, ans Himmelsdach entrückt,
hoch über meinem Scheitel stehst,

Gestirn des späten Jahres, bleibe!
Die Nacht, schon nah herangerückt,
wird lang sein, wenn du untergehst.

Lieber Freund,

für den Abschied auf diesem letzten Blatt
möchte ich das ... Neues ... mit
... und ... den ...
..., ... ein Werk ganz, ...
... nicht zu ..., wie ich wohl weiß.

... hätte ich auch an-
bieten wollen, aber ich dachte, daß vielleicht
ab und zu jemand an diesen ...
Gefallen finden, die in ...
... und ... ...
... aller ...

Wenn es nicht so ist, ... verzeihen Sie,
ich will es nicht wieder tun!

INHALT